Peter Häberle
Gibt es eine europäische Öffentlichkeit?

Schriftenreihe
der
Juristischen Gesellschaft zu Berlin

Heft 166

W
DE
G

2000
Walter de Gruyter · Berlin · New York

Gibt es eine europäische Öffentlichkeit?

Von
Peter Häberle

Vortrag
gehalten vor der
Juristischen Gesellschaft zu Berlin
am 15. Dezember 1999

W
DE
G

2000
Walter de Gruyter · Berlin · New York

Dr. Dr. h. c. *Peter Häberle*,
o. Universitätsprofessor an der Universität Bayreuth,
ständiger Gastprofessor für Rechtsphilosophie
an der Universität St. Gallen

♾ Gedruckt auf säurefreiem Papier,
das die US-ANSI-Norm über Haltbarkeit erfüllt.

Die Deutsche Bibliothek – CIP-Einheitsaufnahme

Häberle, Peter:
Gibt es eine europäische Öffentlichkeit? : Vortrag gehalten vor der
Juristischen Gesellschaft zu Berlin am 15. Dezember 1999 / von
Peter Häberle. - Berlin ; New York : de Gruyter, 2000
  (Schriftenreihe der Juristischen Gesellschaft zu Berlin ; H. 166)
  ISBN 3-11-016855-3

Printed in Germany
Satz: OLD-Satz digital, Neckarsteinach
Druck: Druckerei Gerike GmbH, Berlin
Buchbinderische Verarbeitung: Industriebuchbinderei Fuhrmann GmbH & Co. KG, Berlin

Inhaltsübersicht

Einleitung: Aktualität der Problemstellung

Gibt es eine europäische Öffentlichkeit?, eine Frage, der die anderen bekannten und ebenso umstrittenen parallel geschaltet sind: „Gibt es schon eine europäische Verfassung?"[1] – m. E. gibt es ein Ensemble von *Teil*verfassungen im materiellen Sinne (in EMRK-Prinzipien und EuGH-Prätorik greifbar[2]) – oder die andere Frage: „Gibt es bereits europäische Staatlichkeit?" – vom deutschen BVerfG im Maastrichturteil (E 89, 155) durch die Formel vom „Staatenverbund" eher verdeckt als erhellt. M. E. gibt es schon heute Strukturelemente „europäischer Verfassungsstaatlichkeit"[3]: Sie werden in der Unionsbürgerschaft (Art. 17 EGV), im europäischen Kommunalwahlrecht (Art. 19) sowie im Petitionsrecht (Art. 21) ebenso wirklich wie im europäischen Ombudsmann (Art. 195) – der seinerseits kürzlich „Transparenz" forderte[4] –, im

---

[1] Vgl. *D. Grimm*, Braucht Europa eine Verfassung?, 1995, bes. S. 44: „Der europäischen Politikebene fehlt die Öffentlichkeitsentsprechung". S. aber auch *G. C. Rodriguez Iglesias*, Zur Verfassung der Europäischen Gemeinschaft, EuGRZ 1996, S. 125 ff.; *ders.*, Gedanken zum Entstehen einer Europäischen Rechtsordnung, NJW 1999, S. 1 ff.; *A. von Bogdandy/M. Nettesheim*, Die Europäische Union: Ein einheitlicher Verband mit eigener Rechtsordnung, EuR 1996, S. 3 ff.; *I. Pernice*, Die Dritte Gewalt im europäischen Verfassungsverbund, EuR 1996, S. 27 ff.; *T. Schilling*, Die Verfassung Europas, in: Staatswissenschaften und Staatspraxis 1996, S. 387 ff.; *P. M. Huber*, Differenzierte Integration und Flexibilität als neues Ordnungsmuster der Europäischen Union?, EuR 1996, S. 347 ff.; *R. Hrbek* (Hrsg.), Die Reform der Europäischen Union, 1997; *S. Magiera/H. Siedentopf* (Hrsg.), Die Zukunft der Europäischen Union, 1997; *H. Heberlein*, Regierungskonferenz 1996: Eine Neue Verfassung für die Europäische Union? (Tagungsbericht), BayVBl. 1997, S. 78 ff.; *K. Hasselbach*, Maastricht II: Ergebnisse der Regierungskonferenz zur Reform der EU, BayVBl. 1997, S. 454 ff.; *P. Häberle*, Europäische Verfassungslehre in Einzelstudien, 1999; *W. Hertel*, Supranationalität als Verfassungsprinzip, 1999; *R. Steinberg*, GG und Europäische Verfassung, ZRP 1999, S. 365 ff. S. noch unten Anm. 54.

[2] Dazu mein Beitrag „Gemeineuropäisches Verfassungsrecht", in: *R. Bieber/P. Widmer*, (éd.), Der europäische Verfassungsraum, 1995, S. 361 ff.

[3] Dazu mein Beitrag: Die europäische Verfassungsstaatlichkeit, KritV 1995, S. 298 ff. S. auch *M. Stolleis*, Das „europäische Haus" und seine Verfassung, KritV 1995, S. 275 ff. – Überhaupt wird es erforderlich, sich die *älteren* Europakonzeptionen zu vergegenwärtigen; dazu etwa *K. Stüwe*, Europas Einigung als Idee – William Penn und das Projekt der Europäischen Union, in: Der Staat 38 (1999), S. 359 ff.

[4] Darum war es zutiefst fragwürdig, daß der Europäische Ministerrat den „Tag der offenen Tür" der Institutionen der EU im Mai 1999 absagte (dazu FAZ

schrittweise erstarkenden Europäischen Parlament ebenso wie in der in die Einzelstaaten der EU „durchschlagenden" Judikatur der beiden europäischen „Verfassungsgerichte", des EuGH in Luxemburg und des EGMR (für die EMRK) in Straßburg[5]. Schließlich sind die Mitgliedsländer der EU einander nicht mehr „Ausland". Sie bilden schon ein Stück *Inland* und sind in einem tiefen Sinne „Freundesland" – nicht nur „Schengen" macht dies für den Europabürger erlebbar. Mit Recht wird getadelt, daß Deutschland im Gegensatz zu anderen EU-Ländern Europa noch nicht als „Dritte Dimension der Innenpolitik" begriffen habe[6].

I. Öffentlichkeit – verfassungsstaatliche Öffentlichkeit

1) Öffentlichkeit ist der erste Begriff meines Themas, der einer „Einkreisung" bedarf. Wissenschaftlich haben ihn die beiden Staatsrechtslehrer *R. Smend* (1955) und *K. Hesse* (1958) sowie *J. Habermas* (1967) Schritt für Schritt erschlossen[7]. (Ich selbst habe 1969 den – alteuropäischen – Zusammenhang von „Öffentlichkeit und Verfassung" gewagt[8] und dies später zur These von der „Verfassung als öffentlicher Prozeß" (1978) erweitert.) In Orientierung am positiven Verfassungsrecht sei zwischen *Parlaments-*, *Regierungs-* und *Verwaltungs*öffentlichkeit sowie *Gerichts*öffentlichkeit mit jeweiligen Ausnahmetatbeständen des Nichtöffentlichen unterschieden. Die gemäß der klassi-

---

vom 8. Mai 1999, S. 7). Die „gläserne" EU-Kommission, d. h. die Offenlegung der Vermögensverhältnisse und bisherigen Tätigkeiten der 20 designierten EU-Kommissare (Nordbayerischer Kurier vom 28./29. August 1999) war demgegenüber erfreulich.

[5] *G. C. Rodriguez Iglesias*, Der Gerichtshof der Europäischen Gemeinschaften als Verfassungsgericht, EuR 1992, S. 225 ff.; *K. W. Weidmann*, Der Europäische Gerichtshof für Menschenrechte auf dem Weg zu einem europäischen Verfassungsgerichtshof, 1985.

[6] Dazu *C. Wernicke*, So wird Europa gemacht, in: Die Zeit vom 5. August 1999, S. 37.

[7] *R. Smend*, Das Problem des Öffentlichen und der Öffentlichkeit, in: Ged.-Schrift für W. Jellinek, 1955, S. 13 ff.; *K. Hesse*, Die verfassungsrechtliche Stellung der politischen Parteien im modernen Staat, VVDStRL 17 (1959), S. 11 (42 ff.).

[8] Öffentlichkeit und Verfassung, ZfP 1969, S. 273 ff., wieder abgedruckt in: Verfassung als öffentlicher Prozeß, 3. Aufl. 1998, S. 225 ff. Aus der verfassungsrechtlichen Öffentlichkeitsliteratur: *W. Martens*, Öffentlichkeit als Rechtsbegriff, 1969; *A. Rinken*, Das Öffentliche als verfassungstheoretisches Problem, 1971; *M. Kloepfer*, Öffentliche Meinung, Massenmedien, HdBStR Bd. II, 1987, S. 171 ff.

schen Gewaltenteilungslehre drei staatlichen Funktionen haben im Verfassungsstaat eine spezifische, freilich unterschiedliche Beziehung zum Öffentlichen. Dieser Verfassungsstaat – „res publica/res populi" im *Ciceronischen* Sinne – soll sich grundsätzlich öffentlich legitimieren, d. h. verantworten. Klassikertexte von *G. Heinemann* (Öffentlichkeit als „Sauerstoff der Demokratie") bis *M. Walser* (die öffentliche Meinung sei „Quellgebiet unserer Demokratie"[9]) begleiten dieses Postulat, wobei wir an den „anderen Schwaben" *Hegel* erinnern sollten, der sagte, in der öffentlichen Meinung sei „alles Wahre und Falsche zugleich". Dieses Öffentlichkeitsdenken setzt sich vom absolutistischen Arcanstaat ebenso ab wie von totalitären Staaten von rechts und links, die die Öffentlichkeit „verstaatlichen" bzw. manipulieren und gerade nicht *pluralistisch* verfassen. Für den deutschen Verfassungsstaat sei an Art. 42 Abs. 1 GG erinnert („Der Bundestag verhandelt öffentlich"), auch an die Paulskirchenverfassung von 1849 (§ 178 Abs. 1: „Das Gerichtsverfahren soll öffentlich und mündlich sein"). Die Verfassung Spanien (1978) verdichtet textstufenhaft dogmatische Erkenntnisse in dem Grundsatz von der „Publizität der Normen" (Art. 9 Abs. 3), und das immer häufiger zu findende Umweltinformationsrecht (z. B. Art. 39 Abs. 7 Verf. Brandenburg von 1992) treibt ein Stück Öffentlichkeit in den Verwaltungsbereich vor, ebenso wie der „Ombudsmann" vieler europäischer Verfassungsstaaten Öffentlichkeit herstellt – von Skandinavien bis nach Südosteuropa, von Portugal bis Polen.

2) Nach dieser Sichtung öffentlichkeitsbezogener Tatbestände, die um die gemeinwohlbezogenen ergänzt werden müßten[10], bedarf es der *verfassungstheoretischen Strukturierung*. Im Verfassungsstaat – und von ihm ist hier zunächst auszugehen, erst später läßt sich der „Verbund" in Europa im Blick auf die europäische Öffentlichkeit darstellen –, im Verfassungsstaat gibt es eine *republikanische Bereichstrias*. Danach ist zwischen dem im engeren Sinne staatlichen Bereich der verfaßten Staatsorgane, also den drei Gewalten, zwischen dem gesellschaftlich-öffentlichen Bereich und dem privaten zu unterscheiden – bei allen Wechselwirkungen. Der gesellschaftlich-öffentliche Bereich wirkt „zwischen" Staat und Privat und präsentiert sich z. B. als Parteienöffentlichkeit (angedeutet in Art. 21 Abs. 1 S. 4 GG: öffentliche Rechen-

---

[9] So im Fernsehen aus Anlaß seines 70. Geburtstags, ARD-Sendung vom 23. März 1997, 23 Uhr.

[10] Dazu *P. Häberle*, Öffentliches Interesse als juristisches Problem, 1970, passim, bes. S. 32 ff.; zuletzt *ders.*, Europäische Rechtskultur, 1994 (Suhrkamp-Taschenbuch, 1997), S. 323 ff.

10

schaftslegungspflicht der Parteien, in der CDU-Parteispendenaffäre unserer Tage wohl schmerzlich verletzt), Verbands- und Kirchenöffentlichkeit und nicht zuletzt als Medienöffentlichkeit. Zum Teil sind diese Felder grundrechtlich abgesichert. Die französische Lehre kennt den schönen Begriff der „libertés publiques", auch Spaniens Verfassung spricht von „öffentlichen Freiheiten" (Titel I, Kap. 2, Abschnitt 1). Wenn Art. 19 Verf. Italien jedem garantiert, die Glaubensfreiheit „privat oder öffentlich auszuüben", oder Art. 23 Abs. 1 Verf. Spanien bestimmt: „Die Bürger haben das Recht, an den öffentlichen Angelegenheiten direkt oder durch Vertreter, die in periodischen allgemeinen Wahlen frei gewählt werden, teilzunehmen" („status activus publicus"), so zeigt sich hier die ganze Dynamik des Öffentlichen von der Freiheit des Bürgers her – sein schöpferisches Tun und Handeln trägt letztlich den Verfassungsstaat. Ermutigend wirken die Konsequenzen, die der EGMR im Fall *D. Matthews* aus Art. 3 des 1. Zusatzprotokolls zur EMRK gezogen hat[11]. Das setzt aber auch die Garantie des dritten Bereichs voraus: des *Privaten* bzw. der *privaten Freiheit*. In vielen Grundrechten und in unterschiedlichen Textvarianten garantiert, sind die privaten Schutzzonen ein Stück negativer Freiheit gegen den Staat: vom „Ohne-Mich Standpunkt" bis zur (gewaltfreien) Kritik und Opposition. Gleichwohl wird Privatheit *nicht nur* um ihrer selbst willen gesichert. Sie ist mittelbarer Schutz *pluralistischer Öffentlichkeit* – diese ist besonders dringlich im Medienbereich und wird durch die Pluralismus-Judikatur des BVerfG zu Fernsehen und Rundfunk (BVerfGE 12, 205, zuletzt E 74, 297; 90, 60; 91, 125) mit den Stichworten „Binnenpluralismus" und „Außenpluralismus" unterstützt. Von den „Bastionen" privater Freiheit aus können die Bürger z. B. via öffentliche Versammlungs- und Demonstrationsfreiheit umso produktivere Beiträge zum öffentlichen Diskurs im politischen Gemeinwesen leisten und ihre Gerechtigkeits- und Gemeinwohlvorstellungen artikulieren.

3) Damit wird der Weg frei zu folgender Erkenntnis: Öffentlich ist zum einen ein *Bereichs-Begriff*. Er deutet auf gesellschaftliche Felder der Wirtschaft, Wissenschaft, Kunst und auch Politik, die die ganze res publica in unterschiedliche Arbeits- und Funktionsgebiete aufgliedern. Beteiligte sind Parteien, Verbände, Gewerkschaften und Unternehmen, Kirchen, Medien, und sie agieren, grundrechtlich gesichert, im Interes-

---

[11] Urteil vom 18. Februar 1999, EuGRZ 1999, S. 200 ff.; hierzu vgl. *G. Ress*, Das Europäische Parlament als Gesetzgeber. Der Blickpunkt der Europäischen Menschenrechtskonvention, ZEuS 1999, S. 219 ff.

senwettstreit. Auch der „Markt"[12] ist ein solches gesellschaftlich-öffentliches Teilfeld – freilich nicht das Maß aller Dinge und schon gar nicht das Maß des Menschen! Im Verfassungsstaat steht das Öffentliche im Spannungsbogen der erwähnten „republikanischen Bereichstrias" zwischen Staat und Privat, aber es ist mehr als bloßes „Zwischenglied".

Zum anderen ist Öffentlichkeit ein *Wert-Begriff*: In ihm liegen Inhalte, die in der Gedankenkette „res publica", „Republik", „res" bzw. „salus publica", „öffentliche Freiheit" auf den Begriff gebracht sind. Öffentliche Freiheitsausübung dient auch der Suche nach der salus publica, im Verfassungsstaat geschieht dies in pluralistischen Verfahren; „Republik" meint mehr als bloß „Nichtmonarchie" (*G. Jellinek*): Sie nimmt Bezug auf die Sinnfülle der Gemeinwohlverpflichtung allen staatlichen Handelns dank öffentlicher Freiheiten. Wenn man die öffentliche Meinung gerne als „vierte Gewalt" apostrophiert, dann kommt darin richtig ihr hoher Rang zum Ausdruck. Doch ist sie keine „Gewalt", sie bedarf vielmehr der vom Verfassungsstaat geschaffenen und in Geltung gehaltenen, durch sein Gewaltmonopol gesicherten Rahmenbedingungen, die Voraussetzung für pluralistische Demokratie sind. So ist das Öffentliche in der Tiefe mit den Grundwerten des Verfassungsstaates wie Menschenwürde als kulturanthropologischer Prämisse und Demokratie als organisatorischer Konsequenz verbunden, auch mit der ewigen Suche nach Wahrheit i. S. der Klassikertexte von *G. E. Lessing* bis *W. von Humboldt* – die „Wahrheitskommissionen" in San Salvador und im Südafrika *N. Mandelas*, zuletzt in Guatemala, stellen eine ermutigende Innovation dar[13]. Das Öffentliche ist Voraussetzung für die schwierige Annäherung an die Gerechtigkeit (etwa in den due process-Garantien) und die vorläufige Erarbeitung des Gemeinwohls (beispielhaft etwa die Vernehmlassungsverfahren der Schweiz). Nicht vergessen sei die Dimension des Verfassungsstaates als „Kulturstaat". In Deutschland seit *Fichte* ein Begriff – die Grundlegung verdanken wir *Ciceros* „Kultur"[14] –, in Bundesstaaten wie der Schweiz und Deutschland als „Kulturföderalismus" höchst lebendig, auf der Europaebene in der allgemeinen Kulturklausel des Art. 151 EGV und in speziellen der Art.

---

[12] Zum Versuch einer Verfassungtheorie des Marktes mein Beitrag: Soziale Marktwirtschaft als „Dritter Weg", ZRP 1993, S. 383 ff. Aus der italienischen Lit.: *L. Cassetti*, La cultura del mercato fra interpretazioni delle Costituzione e principi Comunitario, 1997.

[13] Dazu *P. Häberle*, Wahrheitsprobleme im Verfassungsstaat, 1995, S. 20 f.; *F. Venter*, Die verfassungsmäßige Überprüfung der Rechtsgrundlagen von Südafrikas „Truth and Reconciliation Commission", ZaöRV 57 (1997), S. 147 ff.

[14] Vgl. *J. Niedermann*, Kultur, Werden und Wandlungen des Begriffs und seiner Ersatzbegriffe von Cicero bis Herder, 1941.

149 und 150 ebd. „im Werden", sind die vielfältigen Kulturaufgaben des Verfassungsstaates und die sie bedingenden kulturellen Freiheiten der Bürger als Inhalte des Öffentlichen einschlägig.

4) Das lenkt aber auch den Blick auf *Defizite und Gefahren*. Es gibt z. B. „Scheinöffentlichkeit", die mit dem werthaften Öffentlichen, jenem Stück unverzichtbarem Idealismus und „Öffentlichkeitsoptimismus" des Verfassungsstaates nichts zu tun hat, gleichwohl aber garantiert ist und der man heute nur zu oft begegnet: man denke an die Scheinöffentlichkeit von gewissen Talk-Shows, in denen die bloße Summierung von Privat-Intimem als Quantität nicht zur Qualität des verfassungsstaatlich Öffentlichen umschlagen will. Man denke an Öffentlichkeitsdefizite, die durch Konzentrationsvorgänge des privaten Fernsehens drohen. Man denke insgesamt an alle „Marktvorgänge", die zu reinen Machtprozessen degenerieren und das Inhaltlich-Öffentliche durch einen neuen Ökonomismus, ja postmarxistischen Materialismus ausgerechnet nach dem „annus mirabilis" 1989 gefährden. Hier ist der Verfassungsstaat gefordert, z. B. in Sachen Medienerziehung, Quotenregelungen, pluralistische Strukturierung der Massenmedien und Begrenzung im Interesse gemeineuropäischer Kulturwerte wie Jugendschutz, Gewaltverbot etc.

II. Europäische Öffentlichkeit – Entwicklungschancen, Wachstumsbedingungen, Defizite, Gefährdungen und Grenzen

1) Wie erkennbar, wurden die bisherigen Überlegungen auf dem Forum des demokratischen Verfassungsstaates als Typus entfaltet. Die Öffentlichkeit ist eines seiner Strukturelemente, sie ist mehr als bloßes „Medium" oder „Resonanzboden". Verfassung und Öffentlichkeit gehören – historisch und vergleichend belegbar – im Innersten zusammen, was freilich immer wieder gefährdet ist, bis heute. Von diesem relativ gesicherten Forum der verfassungsstaatlichen Öffentlichkeit aus wird es im zweiten Teil dringlich, nach der *„europäischen"* Öffentlichkeit zu fragen. Welches sind ihre Entwicklungschancen und -bedingungen, wo gibt es Gefährdungen (etwa vom „Markt" her), wo sehen wir Defizite und Grenzen (etwa angesichts der Weltöffentlichkeit bzw. der globalen Informationsgesellschaft)? In manchem können wir von der verfassungsstaatlichen Öffentlichkeit lernen, zumal Europa im engeren und weiteren Sinne ein unterschiedlich intensiver „Verbund" von *Ver-*

*fassungs*staaten ist: eine „Verfassungsgemeinschaft" sui generis, die sich
in „Verfassungsverträgen" weiterentwickelt und vom herkömmlichen,
vor allem deutschen Staatlichkeitsdenken lösen sollte. Die nationalen
Verfassungen, auch das GG, schrumpfen zu *Teil*verfassungen[15].

2) Beginnen wir mit einer *europäischen Bereichs-Analyse*, genauer
mit einer sauberen Textexegese: Im EG-Vertrag nach Maastricht bzw.
Amsterdam setzen folgende Artikel europäische Öffentlichkeit voraus
bzw. schaffen sie mit: Art. 191 („Politische Parteien auf europäischer
Ebene sind wichtig als Faktor der Integration in der Union. Sie tragen
dazu bei, ein europäisches Bewußtsein herauszubilden und den politischen Willen der Bürger der Union zum Ausdruck zu bringen.")[16], Art.
199 und 200 (Öffentlichkeit des europäischen Parlaments), Art. 122
Abs. 2 (Öffentliche Stellung der Schlußanträge des Generalanwalts),
Art. 248 Abs. 4 (Veröffentlichung des Jahresberichts des Rechnungsho-
fes)[17]. Öffentlichkeitsbezogen ist auch die Tätigkeit des Bürgerbeauf-
tragten (Art. 195) und die des EuGH. Die Öffentlichkeit mitgedacht
wird in Art. 1 EUV („Union der Völker Europas ..., in der die Entscheidungen möglichst bürgernah getroffen werden")[18] und Art. 6
EUV[19] („nationale Identität ihrer Mitgliedstaaten, deren Regierungssy-
steme auf demokratischen Grundsätzen beruhen" sowie Menschenrechte und Grundfreiheiten als „gemeinsame Verfassungsüberliefe-
rungen der Mitgliedstaaten als allgemeine Grundsätze des Gemeinschafts-
rechts"), denn „europäisches Bewußtsein", Bürgernähe, Demokratie,

---

[15] Dies ist eine These meines Beitrags: Das Grundgesetz als Teilverfassung
im Kontext von EU/EGV, FS Schiedermair, 2000, i. E. S. auch den Band: Europäische Verfassungslehre in Einzelstudien, 1999, bes. S. 108.
[16] Dazu *D. Tsatsos*, Europäische politische Parteien?, Erste Überlegungen
zur Auslegung des Parteienartikels des Maastrichter Vertrages – Art. 138 a EGV,
EuGRZ 1994, S. 45 ff.; *Tsatsos*-Bericht über die konstitutionelle Stellung der
Europäischen Politischen Parteien, EuGRZ 1997, S. 78 ff.
[17] S. jüngst den öffentlichen Streit um den Bericht des Europäischen Rech-
nungshofes und das Interview mit dessen deutschem Mitglied *B. Friedmann*:
„Mehr als 5 Prozent der Ausgaben sind nicht in Ordnung" (FAZ vom 12. November 1999, S. 13).
[18] Aus der Lit. etwa: *H.-J. Blanke/M. Kuschnick*, Bürgernähe und Effizienz
als Regulatoren des Widerstreits zwischen Erweiterung und Vertiefung der Europäischen Union, DÖV 1997, S. 45 ff.; *U. Becker*, EU-Erweiterung und differenzierte Integration, 1999; *D. Tsatsos* (Hrsg.), Verstärkte Zusammenarbeit,
1999.
[19] Art. 6 EUV ist eine – kulturwissenschaftlich zu begreifende – relativierte
Neufassung der alten „Souveränität".

Grund- und Menschenrechte sind ohne die skizzierte verfassungsstaatliche Öffentlichkeit nicht zu denken.

Das *Zwischenergebnis* lautet: Dem normativen Anspruch der Maastricht- und Amsterdam-Texte nach wird Öffentlichkeit in Europa teils ausdrücklich, teils immanent garantiert bzw. vorausgesetzt. Auch die EMRK als Kernstück des Europaverfassungsrechts i. w. S. ist ergiebig (vgl. die Präambel: mit den Bezugnahmen auf die Demokratie, das „gemeinsame Erbe an politischen Überlieferungen", aber auch Art. 6 Abs. 1: Anspruch auf öffentliches Gehör vor Gericht, öffentliche Verkündigung des Urteils, Art. 9: öffentliche Religionsausübung[20]). Im Europäischen Kulturabkommen von 1954[21], das viel Kulturverfassungsrecht im Europa von heute vorweggenommen hat[22], wird im Grunde eine europäische Öffentlichkeit vorausgesetzt, insofern von „europäischer Kultur", ihrer Wahrung und Entwicklung die Rede ist (Präambel), und geschaffen, insofern die Bewegungsfreiheit und der Austausch von Personen und Kulturgütern (Art. 4) sowie die Erleichterung des Zugangs zum gemeinsamen kulturellen Erbe gefordert werden.

Bei all dem formen die Elemente der „europäischen Rechtskultur" die europäische Öffentlichkeit mit: dazu gehören die Geschichtlichkeit des von Rom herkommenden Rechts, die Wissenschaftlichkeit des Rechts (die Kunst der juristischen Dogmatik), die Unabhängigkeit der

---

[20] Zu Art. 6 EMRK: *J. A. Frowein/W. Peukert*, Europäische Menschenrechtskonvention, 2. Aufl. 1996, S. 244 ff.; *M. Ende*, Die Bedeutung des Art. 6 Abs. 1 EMRK für den gemeineuropäischen Grundrechtsschutz, KritV 1996, S. 371 ff. Allgemein: *F. K. Kreuzer u.a.* (Hrsg.), Europäischer Grundrechtsschutz, 1998.

[21] Zit. nach *F. Berber* (Hrsg.), Völkerrecht, Dokumentensammlung Bd. I, 1967, S. 1330 ff.

[22] Dazu mein Beitrag: Europa in kulturverfassungsrechtlicher Perspektive, JöR 32 (1983), S. 9 ff. Aus der verfassungsrechtlichen Grundsatzliteratur: die Beiträge in *P. Häberle* (Hrsg.), Kulturstaatlichkeit und Kulturverfassungsrecht, 1982; *W. Maihofer*, Kulturelle Aufgaben des modernen Staates, HdBVerfR 2. Aufl. 1994, S. 1201 ff.; *U. Steiner/D. Grimm*, Kulturauftrag im staatlichen Gemeinwesen, VVDStRL 42 (1984), S. 7 ff. bzw. 46 ff.; *M.-E. Geis*, Kulturstaat und kulturelle Freiheit. Eine Untersuchung des Kulturstaatskonzepts von E. R. Huber, 1990; *P. Häberle*, Kulturverfassungsrecht im Bundesstaat, 1980; *ders.*, Kulturhoheit im Bundesstaat – Entwicklungen und Perspektiven, in: 50 Jahre Herrenchiemseer Verfassungskonvent, 1999, S. 55 ff. – Aus der im engeren Sinne europarechtlichen Literatur: *G. Ress*, Die neue Kulturkompetenz der EG, DÖV 1992, S. 944 ff.; *I. Hochbaum*, Der Begriff der Kultur im Maastrichter und Amsterdamer Vertrag, BayVBl. 1997, S. 641 ff.; *S. Schmahl*, Die Kulturkompetenz der Europäischen Gemeinschaft, 1996; *G. Ress/J. Ukrow*, Kommentar zur Europäischen Union, hrsg. von *E. Grabitz/M. Hilf*, 1998, Art. 128 EGV.

Rechtsprechung samt dem rechtlichen Gehör, insgesamt die Gewaltenteilung (bei allen nationalen Varianten), und die weltanschaulich-kon-
fessionelle Neutralität mit der Religionsfreiheit als Menschenrecht[23],
auf EU-Ebene durch den Fall „Prais" des EuGH (1977) gesichert.

3) Die Gretchenfrage lautet indes: Entspricht diese in den Texten
gedachte europäische Öffentlichkeit einer *Wirklichkeit*, der Wirklichkeit in Europa? Oder bleibt sie rudimentär, höchst punktuell, „lau-
nisch" oder schattenhaft – so wie man bestreitet, daß es ein europäisches Volk oder einen europäischen Staat und eine europäische Demokratie gibt (*D. Grimm*)[24]? M. E. ist auch in Gesamteuropa zum einen
bereichsspezifisch und zum anderen *wertorientiert* vorzugehen. Die europäische Öffentlichkeit hat dabei teils schärfere, teils schwächere
Konturen und Inhalte, und auch die Beteiligten sind vom Europäischen Parlament über die Parteien bis hin zu Wirtschaftsverbänden,
den Kirchen und den in Wissenschaften und Künsten Schaffenden bzw.
Nachschaffenden sowie den Medien höchst unterschiedlich in Sachen
europäische Öffentlichkeit tätig. Im Zentrum aber steht die These, daß
Europa nur vordergründig von der Wirtschaft „her kommt" und sich
heute via „*Euro*" zu einer „immer engeren Union der Völker" entwik-
kelt. Was Europa geworden ist und noch werden kann, ist primär seine
Kultur, sein „kulturelles Erbe" und seine kulturelle Zukunft, die sich
aus der regionalen, kommunalen und nationalen Vielfalt speist. Und
diese Kultur ist es, die auch aus der dauerhaften Öffentlichkeit – immer
neu – entsteht. Die Wirtschaft, übrigens nur instrumental zu deuten,
mag europäische Öffentlichkeit *mit*bewirken, etwa in Gestalt des Aus-
tausches von Informationen, Waren und Dienstleistungen, die Märkte
mögen auch Kulturwerke hin und her bewegen, aber all das ist letzlich
ephemer, hat keinen dauerhaften Bestand, weil Wirtschaftsgüter eben
„verbraucht" werden, Kultur aber – als „zweite Schöpfung" – verin-
nerlicht wird und den Menschen erst human macht (i. S. von *A. Geh-
lens*: „Zurück zur Kultur"). An die Vielfalt der Sprachen, auch ihre

---

[23] Dazu näher *P. Häberle*, Europäische Rechtskultur, 1994 (TB 1997), S. 21 ff.
[24] Bemerkenswert früh: *A. von Brünneck*, Die öffentliche Meinung in der
EG als Verfassungsproblem, EuR 1989, S. 249 ff. S. auch *G. Schink*, Auf dem
Weg in eine europäische Gesellschaft?, in: *A. von Bogdandy* (Hrsg.), Die europäische Option, 1993, S. 269 ff. – Zum Demokratie-Problem: *W. Kluth*, Die demokratische Legitimation der Europäischen Union, 1995; *S. Oeter*, Souveränität und Demokratie als Problem in der Verfassungsordnung der EU, ZaöRV 55
(1995), S. 659 ff.; *J. Drexl u.a.* (Hrsg.), Europäische Demokratie, 1999; *F. Brosi-
us-Gersdorf*, Die doppelte Legitimation der Europäischen Union, EuR 1999,
S. 133 ff.

„Barrieren", sei erinnert[25]. Der von Bundeskanzler *G. Schröder* wenn nicht sogar vom Zaun gebrochene, so doch nicht verhinderte „Sprachenstreit" mit den Finnen (Sommer 1999) erinnert schmerzlich an ein Grundsatzproblem. Soll die EU wirklich nur eine einheitliche Amtssprache haben? Nein. Die Vielfalt von Sprachen, auch Amtssprachen, ist schon ein Element der in der „Verfassungsgemeinschaft im Werden" geschützten nationalen und europäischen Identität.

Auch die Europa*politik* hat Zuträgerfunktion. Sie kann unentbehrliche Rahmenbedingungen für die europäische Öffentlichkeit schaffen und sie hat hier viel geleistet. Aber selbst im Europäischen Verfassungsstaat, der eine Hervorbringung der Kultur par excellence ist, bleibt das Politische wenig dauerhaft – sofern es sich nicht zu allgemeinen Rechtsgrundsätzen als „kulturellen Kristallisationen", Elementen der Rechtskultur, verdichtet. So ist denn eine Hauptthese meines Vortrags, daß es wesentlich eine *kulturelle* Öffentlichkeit in Europa geben muß und geben *kann* – in wesentlichen Teilbereichen auch schon *gibt*. Ermutigen darf das Wort von *J. Monnet*: Wenn er heute noch einmal mit der europäischen Einigung zu beginnen hätte, würde er von der Kultur aus anfangen.

Aus Art. 151 EGV läßt sich ein eigenständiger Kulturauftrag entwickeln[26]. Er wäre abzusichern durch die Idee der Menschenwürde, die trotz der unverzichtbaren Fiktion von der mit der Geburt vorhandenen „natürlichen" Freiheit darum weiß, daß alle Freiheit in einem tieferen Sinne *kulturelle* Freiheit ist, die ergänzend zu den Prozessen kultureller Sozialisation der rechtlichen Ausgestaltung bedarf, was z. B. im Medienbereich auf der Europaebene zu Rahmenregelungen im Interesse pluralistischer Öffentlichkeit zur Folge hat; dies um so mehr, als der Medienmarktmacht durch gewaltenteilende pluralistische Struktu-

---

[25] Aus der Lit.: *D. Martiny*, Babylon in Brüssel?, ZEuP 1998, S. 227 ff.; *T. Bruha/H.-J. Seeler* (Hrsg.), Die Europäische Union und ihre Sprachen, 1999; *G. Rautz*, Die Sprachenrechte der Minderheiten, 1999. – So fragwürdig das Votum des französischen Conseil Constitutionnel vom Juni 1999 ist, die Europäische Charta zum Schutz von Minderheiten- und Nationalsprachen sei nicht verfassungskonform (vgl. FAZ vom 29. Juni 1999, S. 16), so vorbildlich ist die Entscheidung der Corte Costituzionale in Rom zugunsten der ladinischen Sprachminderheit in Südtirol (EuGRZ 1999, S. 376 f.).

[26] Dabei gibt die *Kulturverträglichkeitsklausel* des Art. 151 Abs. 4 EGV noch viele Rätsel auf, wobei es nicht bei einer internen Selbstprüfung der Kommission bleiben darf, sondern auch das Europäische Parlament sowie die nationalen und regionalen Parlamente und Regionen angesprochen sind. Aus der Lit.: *B. Wemmer*, Die neuen Kulturklauseln des EG-Vertrages, 1996; *U. Everling*, Buchpreisbindung im deutschsprachigen Raum und europäischen Gemeinschaftsrecht, in: Die Buchpreisbindung, 1997, S. 1 (24 ff.).

ren zu begegnen ist. Der bundesverfassungsrichterliche Gedanke der „Grundversorgung" ist für das Feld der Kultur ganz allgemein zu übertragen: Sie begründet Verantwortung des Verfassungsstaates. Einzubeziehen ist insbesondere die *Erziehung und Bildung* der Jugend nach Art. 149 und 150 EGV als spezieller Kulturauftrag der EU, ebenso die versteckte Kulturklausel in Art. 87 Abs. 3 lit. d (Beihilfen zur Förderung der Kultur und Erhaltung des kulturellen Erbes) sowie Art. 3 Abs. 1 lit. q EGV (Beitrag zur Entfaltung des Kulturlebens in den Mitgliedstaaten). Beides schafft „*europäisches Bewußtsein*". Dabei mag man die Kultur nach Hochkultur, Volkskultur und Alternativkulturen unterscheiden und z. B. im Blick auf staatliche Feiertage auch von „verordneter Kultur" sprechen (*T. Fleiner*); möglich sind weitere Differenzierungen nach Universal- und Nationalkultur und nach den europäischen Kulturen. Einschlägig bleibt bei alldem das „offene" bzw. pluralistische Kulturkonzept, 1979 entwickelt[27].

4) Die These, die europäische Öffentlichkeit konstituiere sich aus Kultur und nur *komplementär* aus Wirtschaft und Politik, im übrigen aber aus dem (Verfassungs-)Recht und seinen allgemeinen „gemeineuropäischen" Prinzipien[28], sei zunächst aus der Tiefe der *Geschichte* belegt. Vereinfacht läßt sich sagen, Europa habe sich aus seiner Kulturgeschichte seit der griechischen und römischen Antike geformt und das römische Recht habe in vielen Rezeptionswellen Fundamente dessen geschaffen, was Europa heute „im Innersten zusammenhält". Das kann hier nicht vertieft werden. Daß es aber eine Geschichte der Europäischen „Öffentlichkeit" aus der Kultur gibt, sei in Stichworten angedeutet. Einschlägig werden die Beispiele europäischer Gelehrter wie *Tho-*

---

[27] Vgl. *P. Häberle*, Kulturpolitik in der Stadt – ein Verfassungsauftrag, 1979. Aus der nichtjuristischen Lit. zuletzt *O. Schwenke/A. J. Wiesand/H. Hoffmann u.a.*, in: Beilage zur Wochenzeitung das Parlament B 41/96 vom 4. Oktober 1996 zu Themen wie „Kulturpolitik im Spektrum der Gesellschaftspolitik", „Kulturpolitik unter Reformdruck", „Kulturdialog für das 21. Jahrhundert".

[28] Dazu meine Beiträge Stichwort: Europäische Rechtskultur, Gemeineuropäisches Verfassungsrecht (1991), aaO. passim; s. auch den Generalbericht des Verf. in *Bieber/Widmer* (Hrsg.), aaO., S. 361 ff. Zuletzt: *M. Heintzen*, Gemeineuropäisches Verfassungsrecht in der Europäischen Union, EuR 1997, S. 1 ff.; *A. Weber*, Ansätze zu einem gemeineuropäischen Asylrecht, EuGRZ 1999, S. 301 ff.; *J. Schwarze* (Hrsg.), Verfassungsrecht und Verfassungsgerichtsbarkeit im Zeichen Europas, 1998; s. auch *R. Bieber*, Solidarität durch Recht, Der Beitrag des Rechts zur Entwicklung eines europäischen Wertsystems, 1997. – Ermutigend sind bilaterale Brückenschläge zwischen zwei nationalen Wissenschaftlergemeinschaften, vgl. etwa *O. Beaud/E. V. Heyen* (Hrsg.), Eine deutsch-französische Rechtswissenschaft?, 1999.

mas von Aquin und *Nikolaus von Cues,* später ein *Leibniz* (der in Rußland um 1700 eine Akademie anregte und übrigens die Mathematik als
europäische Wissenschaft mitbegründete, wie zuvor die Griechen und
später ein *C. F. Gauß*) – sie haben europäische Öffentlichkeit mitge-
schaffen, und für die drei Reformatoren *Luther, Zwingli* und *Calvin*
läßt sich Gleiches sagen. Europäische Klassiker der Staats- und
Rechtstheorie[29] sind zu solchen gerade auch durch die europäische Öffentlichkeit geworden bzw. sie haben diese mitbewirkt: *T. Hobbes, J.
Locke, Montesquieu, J.-J. Rousseau.* In der (Rechts-)Wissenschaft gibt
es als Teilfeld bis heute europäische Öffentlichkeit, wenn man als Beispiele Juristen der Weimarer Zeit wie *H. Heller, R. Smend, H. Kelsen,*
auch *C. Schmitt,* aus Italien *C. Mortati,* aus dem Spanien von heute *R.
Llorente* und *P. de Vega,* aus Griechenland *D. Tsatsos* hinzufügen darf.
„Europäische Rechtswissenschaft" ist eine Erscheinungsform und heute immer wichtiger werdende Gestalt europäischer Öffentlichkeit. Im
Klammerzusatz sei daran erinnert, daß dem mittelalterlichen Studenten
der Doktortitel das „jus ubique docendi" gab: in ganz Europa.
    Das rechtliche Zusammenwachsen Ost- und Westeuropas seit dem
Fall der Berliner Mauer (1989) und der Zusammenbruch der marxi-
stisch-leninistischen Systeme dürfte auch dadurch erleichtert worden
sein bzw. werden, daß auf vielen Feldern der Kunst Europa eine Einheit geblieben war. (Es ist freilich schwer zu begreifen, daß in Brandenburg das m. E. grundgesetzwidrige Fach „LER" eingeführt wurde und
in diesen Tagen in Berlin der Koalitionsvertrag zwischen CDU und
SPD den Religionsunterricht nicht als Wahlpflichtfach festschreiben
will – wo ist der doch auch religiöse Aufbruch der Friedensgebete von
1989 heute geblieben?) Klassische Werke der Musik, Literatur, Malerei
und bildenden Kunst, die „europäisches Erbe" sind, galten und gelten
auch in Osteuropa. Das dürfte die rein rechtlichen Transformations-
prozesse beschleunigen bzw. in der Tiefe mittragen[30]. Auch das wach-
sende Bewußtsein dafür, daß die Länder um das Mittelmeer eine multikulturelle Vielfalt auf dem Wurzelboden einer gemeinsamen alten Kulturgeschichte sind, kann rechtlich-politische Einigungsvorgänge wie
die geplante neue Süderweiterung der EU um Zypern oder Malta mit-

---

[29] Zum Klassiker-Begriff methodisch und inhaltlich meine Studie: Klassikertexte im Verfassungsleben, 1981; ausgebaut in: Verfassungslehre als Kulturwis-
senschaft, 2. Aufl. 1998, S. 481 ff.
[30] Dazu mein Beitrag: Perspektiven einer kulturwissenschaftlichen Transfor-
mationsforschung – Übergangs-, Transfer- und Rezeptionsprobleme auf dem
Weg des (post)kommunistischen Osteuropa zum gemeineuropäischen Verfassungsstaat, FS Mahrenholz, 1994, S. 133 ff.

tragen und die erhoffte Mittelmeerpartnerschaft mit nordafrikanischen Ländern („Barcelona-Prozeß") befördern.

Wagen wir uns damit als anderem Kulturbereich direkt zur Kunst vor.

5) Die *Kunst* ist der vielleicht „verläßlichste" Teil, in dem sich europäische Öffentlichkeit manifestiert. Das läßt sich nicht nur an den „Goldenen Zeitaltern" belegen, in denen fast jede europäische Nation ihr Bestes gab und die „Stimmen der Völker" zu einem „europäischen Hauskonzert" wurden – auch kargere Zeiten haben europäische Klassiker hervorgebracht. So wurde *Jurek Becker* (in der FAZ vom 15. März 1997, S. 1) als europäischer „Klassiker" bezeichnet, und der Nobelpreisträger *G. Grass* ist ein solcher in auch Polen integrierender Weise seit der „Blechtrommel". Die Antike, d. h. Athen und Rom, sei vorweg erwähnt. Das „Goldene Zeitalter" Spaniens, das Europa mitgeformt hat, war im 16. Jahrhundert; es folgten die Niederlande (präzise 1600 bis 1680)[31], dann Frankreichs „Großes Zeitalter" (*Corneille, Racine, Molière*, die Erfindung des Balletts am Hofe Ludwigs XIV.) bis in Deutschland die Weimarer Klassik *Goethes* und *Schillers* und der Deutsche Idealismus zum europäischen Ereignis wurden – ein *J. J. Winckelmann* war einmal Leiter der Kulturaltertümer Roms (das Goldene Zeitalter der dänischen Malerei dauerte von 1818-1848); Hand in Hand all dies mit der (europäischen) Musik von *J. S. Bach* und *W. A. Mozart* bis zur europäischen völkerverbindenden Wirksamkeit von *F. Liszt* und *F. Chopin*. Die kultivierten Brieffreundschaften im Europa des 19. Jahrhundert gehören ebenso hierher wie die Gesellschaft des Adels oder *Peter Paul Rubens* im Kreise seiner Mantuaner Humanistenfreunde[32]. Italiens Leistungen für die europäische Öffentlichkeit als Kultur lassen sich gar nicht aufzählen: von der Welt Assisis (*Franz* von Assisi und seinem *Giotto*) bis zur Renaissance in Florenz, zum Barock in Rom und der Entwicklung der Oper in Neapel (*C. Monteverdi*). Freilich läßt sich sagen, daß alle Völker in Europa als „europäisches Deutschland" (*T. Mann*), als „europäisches Polen", als „europäisches Italien" ein Stück Öffentlichkeit über ihre jeweils großen Beiträge zur Kunst geschaffen haben. Jedenfalls sind die „Großen" bzw. „Goldenen

---

[31] Dazu der Band: Amsterdam 1585-1672, Morgenröte des bürgerlichen Kapitalismus, 1993, hrsg. von *B. Wilczek*. Man denke auch an das „europäische 17. Jahrhundert" (von *Rembrandt* über *Velasquez, Bernini, Borromini* und *Pietro da Cortona*).

[32] Treffend *E. Straub*, Das Museum Europa, Beilage, Bilder und Zeiten der FAZ vom 28. Dezember 1996.

Zeitalter" gewiß sowohl „kulturelles Erbe von europäischer Bedeutung" (Art. 151 Abs. 2 EGV)[33] als auch ein Stück nationale Identität
(Art. 6 Abs. 3 EUV). Und eben darin manifestiert sich europäische Öffentlichkeit. Europa läßt sich nicht auf den wirtschaftlichen Markt re-
duzieren! Es gibt einen gesicherten Kunst- und Wissenschaftsdialog in
Europa.

6) Die Skeptiker werden fragen: und heute? Eine werthaft auf die gemeinsame Kultur bezogene *öffentliche Meinung* offenbarte sich, als vor
wenigen Jahren Anschläge auf die Uffizien in Florenz und San Georgio
in Velabro in Rom stattfanden. Auch gibt es einen (privaten) Buchpreis
zur „Europäischen Verständigung". Von staatlicher Seite aus kennen
wir Aktivitäten aus Brüssel in Sachen „Kultur", bekanntlich etwa im
Bereich von Film und Fernsehen. *Melina Mercouris* Idee von der wech-
selnden „Kulturhauptstadt Europas" (im Jahre 1999 Weimar), ebenso
die sog. „Europeade" (z.B. im Juli 1999 in Bayreuth) ist ein entspre-
chender Beitrag, auch das „Europäische Jugendorchester". Solche Ver-
gegenwärtigung der kulturellen Vielfalt und Einheit Europas ist ein
Stück europäischer Öffentlichkeit. Das gilt auch für die Verleihung von
europäischen Preisen, so, jüngst in Gestalt der Verleihung des „Europa-
preises für Regional- und Kommunalpolitik" an den Vater der Europäischen Charta der kommunalen Selbstverwaltung *J. Hofmann* (erster
Preisträger war im Juli 1998 der katalanische Präsident *Pujol*) – Stichwort „Preisöffentlichkeit", klassisch schon der Karlspreis zu Aachen,
auch der Europa-Filmpreis, oder es gilt für die Aktivitäten des 1994 ge-
gründeten „Delphischen Rates". Auch die Erhebung dreier heiliger Frau-
en zu „Mitpatronen Europas" durch Papst Johannes Paul II. (etwa Katha-
rina von Siena und Edith Stein) im Oktober 1999 gehört hierher. (Freilich:
Es gibt auch „Gegenöffentlichkeiten": im Weltmaßstab waren sie kürzlich
greifbar, z. B. bei der Verleihung des sog. „Alternativen Nobelpreises" und
bei den Gegendemonstrationen gegen die WTO in Seattle).
Von privater Seite aus kommt es immer wieder zu großen Ausstel-
lungen, die *Europa öffentlich* machen: im März 1997 etwa die Expositi-
on „Grand Tour" in Rom, die zeigt, wie seit dem 18. Jahrhundert jedes
Land seine Reisenden bzw. „gebildeten Stände" nach Italien schickte:

---

[33] Bemerkenswert *Hans Mayer*, Kulturschöpfung, Kulturzerstörung, FAZ-
Beilage Bilder und Zeiten vom 8. März 1997, der „unseren Begriff des kulturellen Erbes" für eine geschichtliche Spätgeburt hält und ihn als „Erfindung der
bürgerlichen Aufklärung aus der Spätzeit des 18. Jahrhunderts" definiert. Aus
der juristischen Literatur: *A. Bleckmann*, Die Wahrung der „nationalen Identität" im Unionsvertrag, JZ 1997, S. 65 ff.

selbst England, klassisch Deutschland, nicht erst seit *Goethes* Italieni-
scher Reise (1787/88). Aber auch die Gelehrten und Humanisten (wie
Erasmus), auch Künstler reisten; selbst *A. Dürer* reiste nach Venedig,
später nach Antwerpen. Viele holländische und französische Meister
fuhren nach Rom. Ein Dichter wie *Shakespeare* verlegte die Handlun-
gen vieler Stücke, wenn nicht nach Athen oder Rom, so nach Italien,
Sizilien, Frankreich, Spanien und Dänemark. Das „*auditoire universel*"
war dieses Europa. Die Erfindung des Buchdrucks beförderte die europäische Öffentlichkeit. In der Musik ist auffallend, wie viele Komponisten sich mit Spanien befaßten: von *Mozart* (Don Giovanni und Figa-
ros Hochzeit) sowie *Beethoven* (Fidelio) über *Glinka* (Sommernacht
in Madrid), *Rossini* (Barbier von Sevilla), *Verdi* (Don Carlos und Die
Macht des Schicksals), *Bizet* (Carmen), *Wagner* (Parsifal), *Wolf* (Spani-
sches Liederbuch), *Rimsky-Korsakov* (Capriccio espagnol), *Debussy*
(Iberia) und *Ravel* (Rhapsodie espagniole, Bolero u. a.). So gibt es ein
„auditoire européen" in der Kunst und Kultur. Jüngst trug die zeitlich
begrenzte „Versetzung" von Neapels Museum „Capodimonte" nach
Bonn (Winter 1996/97) bilateral zur kulturellen Öffentlichkeit Europas bei[34]; soeben dokumentiert eine Ausstellung in Venedigs Palazzo
Grassi, wie intensiv sich die Künstler der Renaissance über alle Grenzen hinweg austauschten. Gleiches gilt für den Barock[35]. Schon hier sei
angemerkt, daß Europa, dank spezifischer Öffentlichkeiten „von unten
nach oben" wachsen muß und kann: dank Europas als Erziehungsziel
in den Schulen und dank Europas in den Wissenschaften, insbesondere
Universitäten. Welche Europa- bzw. Verfassungstheorie wir uns letz-
ten Endes leisten können, hängt von den Schulen und Hochschulen ab.
Der *Sender „Arte"*[36] hat das Verdienst, *das* Forum der medialen Kul-
turöffentlichkeit Europas zu sein (die keineswegs bilateral franzö-
sisch/deutsch bleibt und hoffentlich bald auch formal Italien ein-
schließt), man vergegenwärtige sich nur einmal die Themen der Woche
vom 24. bis 30. März 1997: (was freilich sozialwissenschaftlich aufzuar-
beiten wäre): Wir finden Stichworte wie ein Film mit *Mastroianni*, der
den italienischen Film als Teil Europas verkörpert, einen polnischen

---

[34] In der *Musik* ist an zeitgenössische Komponisten wie *L. Nono* oder *H. W.
Henze* zu denken.
[35] *M. Warnke*, Begegnung zweier Welten, in: Die Zeit vom 23. September
1999, S. 45, sowie *A. Lepik* zum „Triumph des Barock im Jagdschloß Stupinigio
bei Turin" (NZZ vom 10./11. Juli 1999, S. 65).
[36] Aus der Lit.: *D. Schmid*, Der Europäische Fernsehkulturkanal ARTE,
1998. Allgemein: *A. Dittmann u.a.* (Hrsg.), Der Rundfunkbegriff im Wandel
der Medien, 1997.

Film über die „Handschrift von Saragossa", den Themenabend „Politik und Kunst" u. a. zu *Beuys* und *K. Staeck*, einen Musikfilm über die Johannespassion, eine mehrteilige Reihe über Jesus, eine Oper von *F. Cavalli*, einen Beitrag über *Leonardo da Vinci*, eine Sendung über den Glauben und das Wort und die Frage: Ist die neue Weltordnung eine Wirtschaftsordnung?, schließlich „Peter und der Wolf". Auch die Woche vom 8. bis 14. November 1997 ist für eine kultursoziologische Analyse ergiebig: In den Sendungen finden wir die Themen „Maria Stuart", das „Mittelmeer" (in einer gelungenen Darstellung der einheitlichen Kultur um dieses Meer aus Multikulturen), das Wissenschaftsmagazin „Archimedes", ein Portrait des deutsch-russischen Musikers A. Schnittke sowie eine Probe von *J. S. Bachs* „Kunst der Fuge". In der Woche vom 30. Oktober bis 5. November 1999 finden wir die klassische Filmkomödie „Drôle de drame", einen Bericht über die Biennale, den Themenabend über Prokofiew und einen Natur- und Kulturfilm über die Wolga. Unschlüssig ist sich der Verf. in der Einordnung des „Grand Prix Eurovision de la Chanson". Ist die Tatsache, daß der „gemeine Bürger Europas" Preisrichter sein darf, ein Beitrag zur „Demokratisierung Europas", was auf Kosten des kulturellen Niveaus gehen kann[37]? Und: Ist nicht sogar in den europäischen Fußballmeisterschaften ein Stück Europa als Kultur – im weiteren Sinne – zu sehen, dem sogar kräftige nationale Identitäten beigemischt sind? Der Sieg Kroatiens über Deutschland (1998) wurde zwar nur von mir aus Gründen der Verfassungslehre begrüßt (Stichwort: Selbstfindung eines sich in Europa einordnenden, gequälten Volkes), indes von allen anderen Deutschen beklagt.

Die Feuilletons der großen Tageszeitungen Europas berichten weit intensiver über dessen kulturelle Ereignisse (auch den Sport) als ihre politischen Seiten über das, was z. B. in der Parlamentsöffentlichkeit in Straßburg geschieht. Die Medien versäumen oft, spezifisch europäische Themen gebührend zu transportieren, so wie die politischen Parteien zu wenig für solche Themen werben.

7) Zur kulturellen Öffentlichkeit Europas als „bester" Öffentlichkeit gehört die *Rechtsordnung des europäischen Verfassungsstaates* in all seinen nationalen Varianten. Längst hat sich eine „europäische Rechtswissenschaft" (wieder) etabliert, die im Wort „von Bologna bis Brüssel" (*H. Coing*) nur unzureichend zum Ausdruck kommt. Hier sind auch die europäischen Juristenvereinigungen und Programme wie „Erasmus", „Tempus" und „Sokrates" zu nennen. Die *Rechts- bzw. Juristenöffentlichkeit* Europas wird durch den EGMR in Straßburg,

---

[37] Dazu *M. Allmaier*, Weil wir Menschen sind, FAZ vom 31. Mai 1999, S. 50.

durch den EuGH in Luxemburg, aber auch durch nationale, minde-
stens verdeckt rechtsvergleichend arbeitende (Verfassungs-)Gerichte
vorangetrieben, deren Repräsentanten sich untereinander auch persön-
lich zunehmend austauschen. So gibt es ein regelmäßiges Treffen der
europäischen Verfassungsrichter und jüngst auch einen Zusammen-
schluß europäischer Verwaltungsrichter. Ein Europäischer Juristentag
wäre eine Steigerung. (Er wird für 2001 in Nürnberg geplant und sollte
zu einer europäischen Staatsrechtslehrertagung fortgedacht werden.)
Besonders die europäischen Universitäten sind Stätten für europäische
Öffentlichkeit, hier spielt sich europäisches Geistesleben ab, gibt es europäische Geistesfreiheit. Von hier aus kann sich die Rechtsverglei-
chung als „fünfte" Auslegungsmethode etablieren[38] – bis hin zur Schaffung einer gemeineuropäischen Methodenlehre, die auch eine refor-
mierte Juristenausbildung zu erreichen hätte. Kürzlich forderte *P.*
Bourdieu – mit Blick auf *J. Habermas* –, die „europäische Öffentlichkeit" durch und durch für den progressiven Diskurs zu öffnen[39].

8) Wie steht es aber um die europäische Öffentlichkeit in den zur
Kultur komplementären Feldern der *Wirtschaft und Politik*? Hier finden sich m. E. die größten Gefahren, aber auch viele Defizite: Gefahren,
weil der derzeit praktizierte Vorrang des bloß Ökonomischen das Europa der Kultur gefährdet und die Globalisierung den kulturellen Wurzelboden dieses Europas hinwegspülen könnte: zu einem oberfläch-
lichen Einerlei. Darum verdient das „Europa der Regionen"[40], jede einzelne „Europaregion" (z. B. Tirol oder die neue Partnerschaft Rhein-
land-Pfalz/Burgund) als Rückgriff auf das vor Ort, in der „Heimat" Erlebbare Unterstützung (vgl. auch Art. 263 bis 265 EGV: Ausschuß der
Regionen). *Edgar Reitz'* großer Film war denn auch ein neueres *europäisches* Ereignis, und er selbst hat vor kurzem provoziert durch die
These[41] von der Abschaffung der staatlichen Filmförderung: „Der Staat

---

[38] Dazu *P. Häberle*, Grundrechtsgeltung und Grundrechtsinterpretation, JZ
1989, S. 913 ff.

[39] *P. Bourdieu*, Vive le Streit! J. Habermas zum Geburtstag, SZ vom 18. Juni
1999, S. 17.

[40] Aus der jüngeren Lit. nur *J. Bauer* (Hrsg.), Europa der Regionen, 2. Aufl.
1992; *P. Häberle*, Der Regionalismus als werdendes Strukturprinzip des Verfas-
sungsstaates und als europarechtspolitische Maxime, AöR 118 (1993), S. 1 ff.; *F.-
L. Knemeyer* (Hrsg.), Europa der Regionen – Europa der Kommunen, 1994; *R.
Theissen*, Der Ausschuß der Regionen (Art. 198 a-c EG-Vertrag), 1996; *P.
Pernthaler/S. Ortino* (a cura di), Euregio Tirol, 1997.

[41] *E. Reitz*, Der Mythos für alle, Ein Zeit-Gespräch, in: Die Zeit Nr. 12 vom
14. März 1997, S. 65.

kann nicht mehr definieren, was Kulturförderung ist[42]. Er stiftet selbst keine Identität mehr, ist also nicht mehr Bestandteil von Kultur ... Filmförderung ist keine kulturpolitische Angelegenheit mehr, sondern reine Standortpolitik". Derselbe *Reitz* sagte aber auch, das europäische Kino habe es schon einmal gegeben: „*Fellini, de Sica* oder *Truffaut* waren große Europäer, weil sie ganz italienische oder französische Geschichten erzählt haben, aber mit einem europäischen Gestus. Sie waren Kinder des europäischen Geisteslebens und tragen die Kulturgeschichte Europas im Herzen". In der Wirtschaft bedroht freilich die reine Lehre des Wettbewerbs die Sache Kultur, und dem europäischen Recht fallen hier Aufgaben der Grenzziehung zu, m. E. dem europäischen Verfassungsstaat auch unverzichtbare Kulturbewahrungs- und -förderungsaufgaben – national wie im gemeineuropäischen Verbund. Das „Europäische Theater" sei wenigstens als Merkposten erwähnt.

Dabei bedarf vor allem das Verhältnis Kultur/Wirtschaft einer Klärung[43]. So gibt es zwar einen „Kunstmarkt", doch ist nicht alle Kultur „marktfähig". So gibt es zunehmend „Kultursponsoring", es bleiben aber auch die unverzichtbar vom Verfassungsstaat zu erbringenden bzw. zu vermittelnden Kulturleistungen: als „Grundversorgung". Zu Recht meinte *J. Delors*, einen Binnenmarkt könne man nicht lieben. Zu Recht postuliert jetzt die „Erklärung von Paris" der Sozialistischen Internationale vom November 1999: „Wir verwechseln nicht Markt und Demokratie". Es gebe Güter, die außerhalb der Regeln der Marktwirtschaft zu schützen seien: Erziehung, Gesundheit, Kultur und Umwelt[44].

9) Eine letzte Frage gelte der *Politik*: Schafft sie europäische Öffentlichkeit oder setzt sie diese schon voraus? M. E. ist entgegen der Logik (begrenzt) beides der Fall. Die Politik sollte – wie es die Präambel des Europäischen Kulturabkommens (1954) für die europäische Kultur fordert – die europäische Öffentlichkeit „bewahren" (was diese voraussetzt) und „ihre Entwicklung fördern" (bzw. einen Eigenbeitrag schaffen). Die Diskussion um den „Euro" fand – spät genug – auf allen öf-

---

[42] Aus der juristischen Literatur aber: *B. Geißler*, Staatliche Kunstförderung nach Grundgesetz und Recht der EG, 1995; *G. Ress*, Die Zulässigkeit von Kulturbeihilfen in der EU, in: Ged.-Schrift für Grabitz, 1995, S. 595 ff.; *H.-J. Blanke*, Europa auf dem Weg zu einer Bildungs- und Kulturgemeinschaft, 1994; *D. Staudenmayer*, Europäische Bildungspolitik – vor und nach Maastricht, BayVBl. 1995, S. 321 ff.; *M. Niedobitek*, Die kulturelle Dimension im Vertrag über die Europäische Union, EuR 1995, S. 349 ff.
[43] Dazu *P. Rieder*, Wettbewerb und Kultur, 1998.
[44] Zit. nach FAZ vom 10. November 1999, S. 8.

fentlichen Foren und Medien statt[45], während etwa der Maastricht-Vertrag (1991/92) in Deutschland viel zu spät seine unverzichtbare Öffentlichkeit gefunden hatte – im Gegensatz etwa zu Dänemark und Frankreich und den dortigen Referenden blieb das deutsche Volk ausgesperrt. Sein „DM-Nationalismus" (das schmerzliche, aber z. T. wahre Wort von *J. Habermas*) meldete sich dann um so drängender zu Wort, wo wir doch geglaubt hatten, mit dem „Verfassungspatriotismus" (*D. Sternberger*) eine geglückte Umschreibung unseres kulturellen Bezugs zum GG gefunden zu haben. Frankreichs Intellektuelle wendeten sich vehement gegen das „System Tietmeyer", im Streit um die Europäische Zentralbank, auch Italien war z. T. kritisch[46]. Es gibt aber auch einzelne Beispiele dafür, daß sich die politische Öffentlichkeit Europas durch Konzentrierung auf verfassungsstaatliche Elemente auszeichnet: greifbar im unionsinternen Streit um das „soziale Europa" (z. B. mit einer „Sozialcharta")[47], um eine „europäische Grundrechte- bzw. Grundwertecharta" oder gar um eine „ganze Verfassung", um eine „Umweltunion" („nachhaltige Entwicklung"), um das Subsidiaritätsprinzip, um eine flexible Integration bzw. das Mehrheitsprinzip, auch die Kirchen haben sich einen konstitutionellen Platz (im Vertrag von Amsterdam in einem eigenen religions-verfassungsrechtlichen Zusatzartikel gesichert[48]),

---

[45] Vgl. nur *J. Fischer*, Warum ich für den Euro bin, in: Die Zeit Nr. 13 vom 21. März 1997, S. 7. S. auch *D. Balkhausen*, D-Mark kontra Eurogeld, 1996; *T. Sarrazin*, Der Euro – Chance oder Abenteuer?, 1997; *M. Jungblut*, Wenn der Euro rollt ..., 1996.

[46] Dazu *N. Piper*, Maastricht light, in: Die Zeit Nr. 11 vom 7. März 1997, S. 34, mit der Karikatur eines Boxkampfes zwischen *H. Kohl* und *R. Prodi; J. Schmierer*, Ach, dieses Schweigen, Die französische Linke streitet leidenschaftlich über Souveränität und Euro, die deutsche nicht, Warum?, in: Die Zeit Nr. 12 vom 14. März 1997, S. 6; *F. Gsteiger*, Wird der Euro zum Götzen? ..., in: Die Zeit Nr. 11 vom 7. März 1997, S. 8.; *J.-P. Chevènement*, Die „Idee Bundesbank" gefährdet das Vorhaben eines republikanischen Europa, FAZ vom 17. Januar 1997, S. 39. Treffend der österreichische Bundeskanzler *V. Klima*, „Europa ist mehr als der Euro", in: Die Zeit Nr. 11 vom 7. März 1997, S. 6. S. aber auch *C. Koch*, Die Methode Monnet und die Idee Tietmeyer, FAZ vom 11. Febr. 1997, S. 32. Aus der wissenschaftlichen Lit. zuletzt: *R. Caesar* (Hrsg.), Zur Reform der Finanzverfassung der EU, 1997; *G. Eckstein/F. U. Pappi*, Die öffentliche Meinung zur europäischen Währungsunion bis 1998 ..., ZfP 1999, S. 298 ff.

[47] Dazu *J. C. K. Ringler*, Die Europäische Sozialunion, 1997.

[48] Zum Problem: *A. Hollerbach*, Europa und das Staatskirchenrecht, ZevKR 35 (1990), S. 263 ff.; *G. Robbers* (Hrsg.), Staat und Kirche in der Europäischen Union, 1995; *F. M. Broglio/C. Mirabelli/F. Onida*, Religioni e Sistemi Giuridici, 1997; *P. Häberle*, Europäische Verfassungslehre, aaO., S. 219 ff.; *M. Heinig*, Zwischen Tradition und Transformation, Das deutsche Staatskirchenrecht auf der Schwelle zum Europäischen Religionsverfassungsrecht, Zeitschr. f. Evang. Ethik, 1999, S. 294 ff.

greifbar ferner in der Diskussion um Volksgruppen- und Regionalsprachenschutz auf der Basis von Empfehlungen des Europarates[49]. In der Kontroverse um den Beitritt Rußlands zum Europarat war es die defiziente Menschenrechtswirklichkeit dort, die die europäische Öffentlichkeit spaltete. Auf dem Balkan freilich mußten die Amerikaner im Dayton-Abkommen präkonstitutionelle Elemente wie Föderalisierung, Grundrechte, Minderheitsschutz, Verfassungsgerichtsbarkeit durchsetzen: Europas „Verfassungsöffentlichkeit" versagte. An Ostern 1997 zeigte die „europäische Demonstration" gegen den Front National in Straßburg Aspekte einer europäischen öffentlichen Meinung – nicht nur alle Medien berichteten darüber, die Teilnehmer an der Demonstration rekrutierten sich auch aus anderen Ländern Europas.

Einzelne politische Themen haben die europäische Öffentlichkeit auch früher immer wieder beunruhigt: neben dem Freiheitskampf Griechenlands und Polens im 19. Jahrhundert etwa der türkische Völkermord an den Armeniern im Ersten Weltkrieg, den das europäische Parlament 1987 als unbezweifelbares historisches Faktum bekräftigte. Insofern gibt es eine Art „negativer Öffentlichkeit" in Europa. Als „Skandalöffentlichkeit" – neben der BSE-Affäre und dem Mauerbau in Aussig (Tschechien), jetzt dank der Mobilisierung der öffentlichen Meinung in Europa wieder abgetragen – ist der unselige „Fall Bangemann" einzuordnen, wohl auch der Sturz der Santer-Kommission (1999). Hier wurden plötzlich die Umrisse einer europäischen Öffentlichkeit aus *Politik* erkennbar, ebenso wie bei der fünften Direktwahl des Europaparlamentes im selben Jahr, wenngleich uns die geringe Wahlbeteiligung (43 Prozent) sowie die primäre Orientierung der Wahl-Bürger der EU am nationalen Umfeld beunruhigen muß[50]. Immerhin ist die neue Kommission wie nie zuvor von den Abgeordneten

---

[49] Aus der Lit.: *D. Blumenwitz/G. Gornig* (Hrsg.), Der Schutz von Minderheiten- und Volksgruppenrechten durch die Europäische Union, 1996; *H. Klebes*, Der Entwurf eines Minderheitenprotokolls zur EMRK, EuGRZ 1993, S. 148 ff.; *H. Schulze-Fielitz*, Verfassungsrecht und neue Minderheiten, in: *T. Fleiner-Gerster* (Hrsg.), Die multikulturelle und multiethnische Gesellschaft, 1995, S. 133 ff.; *G. Brunner*, Nationalitätenprobleme und Minderheitenkonflikte in Osteuropa, 1996; *E. Palici di Suni Prat*, Intorno alle minoranze, 1999.

[50] Vgl. nur SZ vom 10. Juni 1999, S. 3: „Europa-Wahlkampf: Fünf Jahre Arbeit, und dann interessiert das keinen". – Die deutschen Tageszeitungen berichteten indes eingehend im Vorfeld der Wahlen: z. B. FR vom 5. Juni 1999: „Europa-Kandidaten"; FAZ vom 9. Juni 1999, S. 9: „Vor der Europawahl". Die Zeit vom 10. Juni 1999, S. 8: „Von drei Parlamentariern, die auszogen, für Europa zu werben". S. im übrigen KAS-Auslandsinformationen 07/99: Die Wahlen zum Europäischen Parlament.

öffentlich befragt worden – die Presse sprach von „Brüsseler Reifeprüfung" und sie hat großen Anteil daran genommen: ein neues Stück politischer Öffentlichkeit. Erschreckt hat uns freilich die These, der Krieg um den Kosovo könnte ein „europäischer Einigungskrieg" gewesen sein[51] (so *G. Hofmann*).

Zusammenfassung und Ausblick

Wie gezeigt, bleibt im Konstitutionalisierungsvorgang Europas (der freilich in den einzelnen Ländern je nach Verfassungsverständnis verschieden begriffen wird) theoretisch Öffentlichkeit unverzichtbar, derzeit ist sie aber nur in *Teil*bereichen vital: Die kulturelle Öffentlichkeit Europas ist ebenso vielgestaltig lebendig wie in der Tiefe verwurzelt. Sie wirkt als das wahre „Quellgebiet" Europas bzw. als sein Wurzelboden. Man denke an die Bereichsfelder wie Religion, Wissenschaft und Kunst, aber auch Sport, wenn man diesen zur Kultur im weiteren Sinne rechnet; Fußballmeisterschaften flankieren – horribile dictu – das Europa der Kultur bzw. dessen Öffentlichkeit, mit freilich starken Rückfällen ins Nationale. Zum Teil schon kräftig ausgeformt ist die „*Verfassungsöffentlichkeit* Europas", greifbar in einzelnen Institutionen und Verfahren des Europarechts im engeren und weiteren Sinne, auch im Verbands- und Parteileben gegenwärtig. Das Europa als – verfassungsfähige – *Rechtsgemeinschaft*[52] ist so öffentlich wie Rechtsetzung, Rechtsfindung und -fortentwicklung öffentlich sind, die bekannten Demokratiedefizite freilich bleiben. Der Lebensbereich *Wirtschaft* ist ambivalent: Einerseits ermöglicht er dank der Marktfreiheiten viel erlebbare Öffentlichkeit. Europas Einigung wurde stark vom Ökonomischen her befördert; andererseits ist Europa eine durch das Ökonomische und die globale Weltwirtschaft bedrohte *Kulturgemeinschaft*. Materialistisches und ökonomisches Effizienzdenken verfehlt und gefährdet das Inhaltliche am Öffentlichkeitsbegriff: seinen Bezug auf das „ge-

---

[51] Beunruhigend die Zeit-Umfrage in der EU: „Der Krieg formt Europas Identität", Die Zeit vom 2. Juni 1999, S. 10.
[52] Zur EU als Grundrechtsgemeinschaft zuletzt: *G. Hirsch*, Die Europäische Union als Grundrechtsgemeinschaft, Mélanges en hommage à F. Schockweiler, 1999, S. 177 ff.; *P. Selmer*, Die Gewährleistung des unabdingbaren Grundrechtsstandards durch den EuGH, 1998; *W. Pauly*, Strukturfragen des unionsrechtlichen Grundrechtsschutzes, EuR 1998, S. 242 ff.; *P. Funk-Rüffert*, Kooperation von Europäischem Gerichtshof und BVerfG im Bereich des Grundrechtsschutzes, 1999.

meinsame Erbe an geistigen Gütern", sein Bekenntnis, daß die europäischen Staaten vom „gleichen Geiste beseelt sind" (so die Präambel der EMRK von 1950!), seinen Entschluß, die „Solidarität" zwischen den Völkern „unter Achtung ihrer Geschichte, ihrer Kultur und ihrer Traditionen zu stärken" (so Präambel Maastricht-Vertrag von 1992). Europa lebt aus bestimmten inhaltlichen und prozessualen Grundwerten, die immer wieder – öffentlich – wiederholt, bestätigt und fortentwikkelt werden müssen. (Vieles spricht für eine formal fortgeschriebene, „nachgeführte" Grundrechtecharta!). So beobachten wir das allgemein öffentlich werdende Ringen um eine „Verfassung für Europa"[53], wobei die spezifischen Funktionen der Verfassung (Machtbegrenzung, Konstituierung von Macht, Gewaltenteilung, öffentliche Legitimationswirkung, Grundrechtssicherung, erzieherische Funktion, Identifizierungschancen), zu bedenken wäre; wir sehen die Bemühungen um einen „Verfassungsvertrag"[54], die Diskussion um den Bericht der „drei Weisen" (R. von Weizsäcker, J.-L. Dehaene, D. Simon[55]), um einen „Europäischen Raum der Sicherheit und des Rechts"[56]. Auch die europaweite öffentliche Diskussion um Entscheidungen des EGMR und EuGH hat sich intensiviert, sogar schon im Vorfeld eines Urteils (z.B. im Fall Kreil[57]). Die Immunität für Europol-Bedienstete wirkt als „Stachel", jedenfalls für die Juristenöffentlichkeit[58]. Die prätorische Entwicklung

[53] Vgl. Bundesaußenminister J. Fischer in seiner Rede vor dem Parlament in Straßburg (zit. nach Die Zeit vom 21. Januar 1999, S. 3: „Erst mit der Öffnung nach Osten löst die EU ihren Anspruch ein, als Kulturraum und Wertegemeinschaft für ganz Europa zu sprechen").
[54] Vgl. I. Pernice, Vertragsrevision oder europäische Verfassunggebung?, FAZ vom 7. Juli 1999, S. 7; K.-D. Frankenberger, Und jetzt eine Verfassung?, FAZ vom 4. März 1999, S. 1; C. Landfried, Die Zeit ist reif, Nur ein europäischer Verfassungsstaat kann das Legitimationsdefizit in der EU beheben, FAZ vom 9. September 1999, S. 10: „Eine europäische Öffentlichkeit fehlt nicht wirklich"); Bundespräsident J. Rau, Die Quelle der Legitimation deutlich machen, Eine föderale Verfassung für Europa, FAZ vom 4. November 1999, S. 16. S. auch U. di Fabio, Für eine Grundrechtsdebatte ist es Zeit, FAZ vom 17. November 1999, S. 11.
[55] Zit. nach FAZ vom 20. Oktober 1999, S. 9; s. auch S. Wernicke, Europäische Verfassung durch Diskurs? Zum ersten Berliner Symposium Europäisches Verfassungsrecht, NJW 1999, S. 1529 f.; M. D. Cole, Eine Europäische Grundrechtecharta? (Bericht), NJW 1999, S. 2798.
[56] Dazu FAZ vom 18. Oktober 1999, S. 2.
[57] Dazu etwa FAZ vom 5. November 1999, S. 4; Leserbrief N. Reich in FAZ vom 10. November 1999, S. 14.
[58] Dazu S. Hölscheidt/Th. Schotten, Immunität für Europol-Bedienstete – Normalfall oder Sündenfall?, NJW 1999, S. 2851 ff.

immer neuer Gemeinschaftsgrundrechte wird meist positiv glossiert[59]. Schließlich mag man das von der EU-Kommission alle sechs Monate vorgelegte „Eurobarometer" hierher rechnen. Es indiziert sozusagen „Europa in der Öffentlichkeit" und schafft zugleich ein Stück europäischer Öffentlichkeit!

Dazu gehört auch die Aufgabe, eine *innerlich* von vorneherein „europäische" Rechtsphilosophie bzw. Gesellschaftstheorie zu entwerfen[60]. So wäre *I. Kants* „weltbürgerliche Absicht" zur „europabürgerlichen" zu entwickeln; so müßte die Lehre vom Gesellschaftsvertrag auf die Europaebene weitergedacht werden (i. S. des Stichworts von *E.-J. Mestmäcker*: „europäischer Contrat Social"); so wäre das „Volk" wie schon viele seiner Grundrechte auch „europäisch" zu konstituieren und parallel zu den beiden europäischen Verfassungsgerichten in Straßburg und Luxemburg eine „europäische Verfassungsrechtswissenschaft" zu beginnen[61]. Die wissenschaftliche und prätorische Weiterentwicklung sog. „allgemeiner Rechtsgrundsätze" schafft ein Stück *materieller Allgemeinheit* in Europa, die der Sache nach *europäische Öffentlichkeit* ist[62].

Der kulturelle Sozialisierungsprozeß des *„homo europaeus"* gelingt nur in den erwähnten *vielen* Öffentlichkeiten. Die Frage, „Gibt es eine

---

[59] Zuletzt etwa *V. Schlett*, Der Anspruch auf Rechtsschutz innerhalb angemessener Frist, EuGRZ 1999, S. 369 ff.

[60] Ein innerverfassungsstaatlicher Ansatz speziell für das GG in dem Sammelband von *W. Brugger* (Hrsg.), Legitimation des Grundgesetzes aus der Sicht von Rechtsphilosophie und Gesellschaftstheorie, 1996.

[61] In ihr figuriert der Beginn einer „Verfassungsgeschichte der EU" nur als Teilaspekt, dazu *M. Zuleeg*, Ansätze zu einer Verfassungsgeschichte der EU, ZNR 1997, S. 270 ff. Im „europäischen Haus" wären dann auch die einzelnen nationalen Wissenschaftlergemeinschaften und ihr *„Zusammenspiel"* auf Prozesse der kulturellen Produktion und Rezeption hier darzustellen. Aus der jüngsten *italienischen* Literatur sind einschlägig z. B. *G. Zagrebelsky* (a cura di), Il federalismo e la democrazia europea, 1994; *A. Pace*, La Causa della Rigidità Costituzionale, 2. Aufl. 1996 (dazu die Besprechung von *P. M. Huber*, AöR 122 (1997, S. 478 ff.) ; *P. Ridola* (a cura di), La Costituzione europea tra cultura e mercato, 1997. – Im Blick auf *Weimar*: *F. Lanchester*, Momenti e Figure nel Diritto Costituzionale in Italia e in Germania, 1994. – Aus der *spanischen* Lit.: z. B. *M. L. Balaguer Callejón*, Interpretación de la Constitución y ordenamiento jurídico, 1997; *A.-E. Pérez Luno* (Coordinator), Derechos Humanos y Constitucionalismo ante el Tercer Milenio, 1996.

[62] Beispiele: Die „europäische Bundestreue", „Gemeinschaftstreue" bzw. (in bezug auf Regionalstaaten) „Regionaltreue". Aus der Lit. *M. Lück*, Die Gemeinschaftstreue als allgemeines Rechtsprinzip im Recht der Europäischen Gemeinschaft, 1992; *A. Alen u.a.*, „Bundestreue" im belgischen Verfassungsrecht, JöR 42 (1994), S. 439 ff.; *A. Anzon*, La Bundestreue e il Sistema Féderale Tedesco, 1995.

Europäische Öffentlichkeit?"[63] ist also *differenziert* zu beantworten, wobei an die oft fehlende Transparenz der Entscheidungen „aus Brüssel" kritisch zu denken ist[64]. *Wie* diese bereichsspezifisch agierenden vielen Öffentlichkeiten (Öffentlichkeit im Plural) letztlich mit der einen Öffentlichkeit (im Singular) verknüpft sind, läßt sich verfassungs- bzw. europatheoretisch noch nicht sagen. Daß bei all dem der Europabegriff territorial-räumlich offen ist, sei abschließend erwähnt. Konkret: Die Schweiz[65] bleibt eine Herzkammer Europas, auch wenn sie sich rechtstechnisch der EU vorerst verschließt und sich gegenwärtig zu isolieren droht – der kühne Vorschlag von Bundespräsident *A. Koller* in bezug auf eine Solidaritätsstiftung wegen des Nazigoldes der Holocaustopfer ermutigt; Polen gehört mit Warschau und Krakau und ihren *Stadtöffentlichkeiten* (auch „Städtebildern", wie das wiederaufgebaute Danzig) nicht minder zu Europa wie Budapest und Prag, Laibach und Zagreb. Dasselbe gilt für die drei Baltenrepubliken und ihre „Kulturlandschaften". M. E. gehört auch die Türkei, solange sie dem verfassungsstaatlichen „Laizismus" treu bleibt, der Sache nach zu Europa. Alle gegenteiligen Aussagen von christdemokratischen Parteichefs im Frühjahr 1997 ändern daran nichts[66] (Die Aufnahme in den Europarat, – den man zu Recht als „das demokratische Gewissen Europas" bezeichnet hat[67], zuletzt etwa Kroatiens, 1996, Georgiens, 1999, ist nur ein Indiz). Zweifelhaft bleibt (daher) Rußland angesichts seiner asiatischen

---

[63] Vom Verf. erstmals gestellt in dem gleichnamigen Beitrag in Thür.VBl. 1998, S. 121 ff.

[64] Aus der Lit.: *W. Kahl*, Das Transparenzdefizit im Rechtsetzungsprozess der EU, ZG 1996, S. 224 ff.

[65] Aus der Lit. hier nur: *B. Sitter-Liver* (Hrsg.), Herausgeforderte Verfassung, Die Schweiz im globalen Kontext, 1999; *P. Häberle*, „Werkstatt Schweiz": Verfassungspolitik im Blick auf das künftige Gesamteuropa, JöR 40 (1991/92), S. 167 ff.; *J. P. Müller*, Grundrechte in der Schweiz, Im Rahmen der Bundesverfassung von 1999, der UNO-Pakte und der EMRK, 3. Aufl. 1999.

[66] Vgl. zu Recht *T. Sommer*, Europa ist kein Christen-Club, in: Die Zeit Nr. 12 vom 14. März 1997, S. 1; *H. Bagei*, Eine endlose enttäuschte Liebe, FAZ vom 25. März 1997, S. 14. – Zur Türkei: *C. Rumpf*, Das türkische Verfassungssystem, 1996. Die Türkei kann freilich „nach Europa" nur dank längerer Übergangsvorschriften seitens der EU intensiver hineinwachsen, sie kann vom „Beitrittskandidaten" zum 28. Mitglied nur werden, wenn alle fundamentalistischen Strömungen zurückgedrängt bleiben und Minderheitenschutz (z. B. dank Regionalstrukturen für die Kurden), Menschenrechte und Demokratie glaubwürdig gelebt werden.

[67] So *Leni Fischer*, Das demokratische Gewissen, Der Beitrag des Europarates zur Schaffung einer dauerhaften Friedensordnung für den Kontinent, FAZ vom 5. Mai 1999, S. 11.

Teile und seiner Defizite in Sachen Verfassungsstaat[68], zuletzt wieder im zweiten Tschetschenien-Krieg in unseren Tagen schmerzlich erkennbar. Rußland fehlten im Grunde die europäische Aufklärung und Schichten der europäischen Rezeptionen.

All dies ist kein Plädoyer für das Mißverständnis der europäischen Öffentlichkeit als defensiver „Festung" gegen andere Kontinente: Die Brückenfunktion der beiden iberischen Länder nach Lateinamerika hin ist bekannt und fördert das *offene* Europa. Dennoch muß „Europa" bei aller Offenheit territorial-räumlich *und* inhaltlich werthaft verortet bleiben bzw. bestimmt werden. Das gilt auch im Verhältnis zu den USA, so viel die konstitutionelle Öffentlichkeit Europas ihnen verdankt: von der Virginia Bill of Rights (1776) und der Entwicklung von Verfassungsgerichten (samt Sondervoten) über die Federalist Papers (1787) bis zu Einzelheiten des Parlamentsrechts. Im übrigen lebt mein Vortrag von dem Glauben, daß die Kunst und Religion allen anderen Schöpfungen *voraus*gehen, ihnen den „Stoff" geben[69] und dem Menschen seinen „aufrechten Gang" ermöglichen. Um mit *Goethe* zu sprechen: „Wer Wissenschaft und Kunst besitzt, hat auch Religion; wer diese beiden nicht besitzt, der habe Religion." Das gilt besonders heute für Europa und seine kulturelle Öffentlichkeit. Europa als Kulturgemeinschaft lebt und „wird". Nur sie kann an der „Teleologie" bzw. Finalität Europas in einem geschichtlich offenen Prozeß weiterarbeiten.

Wir bedürfen heute nach genau 200 Jahren seit Beginn des Entstehungsprozesses von Hegels Schrift über die Reichsverfassung (1799) eines zum Teil „umgekehrten Hegel" zur Verfassung Europas. Nicht: „Deutschland ist kein Staat mehr", sondern: „Deutschland hat nur noch 1 plus 16 Teilverfassungen, aber zugleich wächst Europa zu einem Ensemble von Teilverfassungen heran"[70].

---

[68] S. aber Präsident *B. Jelzins* Forderung nach Beitritt Rußlands zur EU und seinem Wunsch, Rußland wolle endlich als „vollwertiger europäischer Staat" anerkannt werden (zit. nach FAZ vom 24. März 1997, S. 2).

[69] Zu diesem Ansatz mein Beitrag: Die Freiheit der Kunst im Verfassungsstaat, AöR 110 (1985), S. 577 (590 ff.); ders., Die Freiheit der Kunst in kulturwissenschaftlicher und rechtsvergleichender Sicht, in: Kunst und Recht im In- und Ausland, 1994, S. 37 ff. Aus der Zeitungsliteratur bemerkenswert: *J. Rüttgers*, Kunststück Zukunft. Anders als *H. M. Enzensberger* meint, ist Kultur für die Politik keineswegs „Schaumgebäck". Immer wieder bahnten Künstler neuen Ideen den Weg, in: Die Zeit Nr. 12 vom 14. März 1997, S. 62.

[70] *G. W. F. Hegel*, Schriften und Entwürfe, 1799-1898, Gesammelte Werke, hrsg. von *M. Baum/K. R. Meist*, Bd. 5, 1998; hierzu: *H. Maier*, Zu Hegels Schrift über die Reichsverfassung (1963), in: Politische Wissenschaft in Deutschland, 1969, S. 52 ff.

Klassikertexte im Verfassungsleben. Von *Peter Häberle* (Schriftenreihe der juristischen Gesellschaft e. V. Berlin, H. 67). - Berlin, de Gruyter 1981. 62 S., kart. DM 22,–.

Aus Rezensionen

„Die meisten von *Häberles* Schriften sind Teile einer zunehmend Gestalt gewinnenden, umfassenden pluralistischen Verfassungsstaatslehre. Das gilt auch für diesen am 22.10.1980 vor der Berliner Gesellschaft gehaltenen Vortrag. Er gehört in den Zusammenhang einer spezifisch verfassungsrechtlich orientierten Hermeneutik, der *Häberle* seit langem besondere Aufmerksamkeit widmet. Ihren herkömmlichen Fragen nach Methoden, Aufgaben und Zielen der Normauslegung hat er bereits die nach den Subjekten der Interpretation und nach dem Zeitfaktor in der Verfassung hinzugefügt (vgl. Die offene Gesellschaft der Verfassungsinterpreten, JZ 1975, 297-305; Zeit und Verfassung, ZfP 1974, 111-137). Nunmehr wendet sich der Blick auf den Gegenstand der Interpretation selbst. (…)"
Prof. Dr. *Gerhard Robbers*, in: AöR 107 (1982), S. 503 ff.

„(…)Die Beschreibung des Umgangs der Literatur mit Klassikertexten führt in die Tiefe der staatsrechtlichen und verfassungshistorischen Entwicklung, in die das Grundgesetz eingefügt ist. Nicht nur diese Ausführungen, sondern auch speziell die Nachweise über den Umgang mit Klassikern in der wissenschaftlichen Literatur zum Grundgesetz (S. 31 ff.) sind überaus lesenswert, und zwar nicht nur in den Bereichen, in denen *Häberle* sich betont kritisch äußert. Die Fülle des in Text und Anmerkungen verarbeiteten Materials ist kaum zu überblicken, wobei *Häberle* den Leser in keinem Moment mit überflüssigem Anmerkungszierrat langweilt. Es finden sich im Gegenteil überaus fesselnde Positionsbestimmungen, daneben aber auch ungewohnte Fragestellungen. (…) *Häberles* Schrift ist nicht nur in hohem Maße geeignet, den Blick des Verfassungsjuristen für Klassikertexte und ‚kulturelle Ambiance' der Verfassung zu schärfen (S. 11). Sie liefert gerade in ihren überaus wichtigen Anregungen und Herausforderungen selbst ein Beispiel für eine besondere kulturwissenschaftliche Leistung, deren Fundament eine umfassende Belesenheit ist, die ohne weiteres ‚klassisch' genannt werden könnte, hätte der Autor dem Umfang mit diesem Begriff nicht selbst Schranken gesetzt. (…)"
Prof. Dr. *Wilfried Fiedler*, in: Die Öffentliche Verwaltung, September 1982, Heft 18, S. 794 f.

„(...)Damit aber sind Grundfragen des Rechts- und Verfassungsver-
ständnisses angeschnitten. Ein schmales Buch über ‚Klassikertexte im
Verfassungsleben‘, das solche Grundfragen anrührt, hat eine gute
Chance, eines Tages selbst zu einem Klassikertext zu werden (zumal
Texte – worum die Klassikerdefinition bei *Häberle* zu ergänzen wäre –
ihre Eigenschaft als Klassikertexte häufig in gleichem Maße oder gar
stärker dem Widerspruch verdanken, den sie hervorgerufen haben, als
der zustimmenden Zitierung).“
Rechtsanwalt Dr. *Hermann Weber*, in: NJW 1982, S. 631 f.

„Mit seinem kultivierten Vortrag schärft *Peter Häberle* unseren
Blick für ein so vertrautes wie unbeachtetes Phänomen: Die legitimato-
rische Bezugnahme auf Namen und Texte großer Staatsdenker im Rahmen aktueller Verfassungsinterpretation und -politik. (...) Die verfas-
sungsgeschichtlich und staatstheoretisch faszinierende These von der
besonderen – verfassungsstaatlich legitimen, gesamtstaatlich integrie-
renden – Rolle von Klassikerbezugnahmen in Gesetzgebung, Rechtsprechung und Staatswissenschaft gewönne an Gewicht für die Verfas-
sungsdogmatik, wenn ein Kanon der für den modernen Verfassungsstaat westlicher Prägung wichtigsten Texte definiert, kommentiert und
publiziert werden könnte. (...) Wer wäre für diese so diffizile wie wich-
tige Aufgabe geeigneter als *Peter Häberle*?“
Prof. Dr. *Wolfgang Graf Vitzthum*, in: Juristenzeitung 1987, S. 669.

www.ingramcontent.com/pod-product-compliance
Lightning Source LLC
Chambersburg PA
CBHW050650190326
41458CB00008B/2490